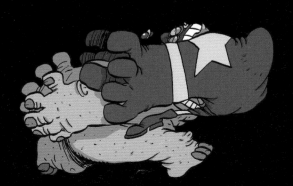

ZEP·TEBO
CAPTAIN BICEPS
L'INVINCIBLE

tchô!
La collec...

DES MÊMES AUTEURS :

DE ZEP

Les Minijusticiers
avec Hélène Bruller
Hachette Jeunesse

Titeuf
13 Tomes

Les trucs de Titeuf :
Le guide du zizi sexuel
avec Hélène Bruller

Petite poésie des saisons

Le Monde de Zep

Chronokids
5 Tomes
avec Stan & Vince
Éditions Glénat

Découpé en tranches
Éditions du Seuil

Happy Sex
Happy Girls
Happy Rock
Éditions Delcourt

Le portrait dessiné (catalogue d'exposition)
Éditions BDFil & Le Mudac

Carnet intime
Éditions Gallimard

DE TÉBO

Samson & Néon
7 Tomes
Éditions Glénat

In caca veritas
In pipi veritas
avec Josh Richman et Anish Sheth
Éditions Glénat

Comment dessiner
avec Zep
Éditions Glénat

Sketchbook Tébo
Éditions Comix Buro

Les Chroniques de Sillage T6
avec Jean-David Morvan
Éditions Delcourt

L'atelier mastodonte
1 Tome
avec Alfred, Bianco, Neel,
Pedrosa, Trondheim et Yoann
Éditions Dupuis

Le petit prince T02
Éditions Glénat

Alice au pays des singes
(dessin Kéramidas)
Éditions Glénat

Retrouvez le monde de Zep sur www.zeporama.com
www.tcho.fr
www.glenatbd.com

Tchô! la collec'...
Collection dirigée par J.C. Camano

Dépôt légal : avril 2004
ISBN 978-2-7234-4577-1 / 012
Achevé d'imprimer en juillet 2016, en France, par Pollina - L76480,
sur papier provenant de forêts gérées de manière durable.

SES SUPER BICEPS SONT AU SERVICE DE LA JUSTICE!

CAPTAIN BICEPS VS TORCHMAN

COMICS TEBO & ZEP COMICS

LE SAVIEZ-VOUS?

RENDS-TOI!

JAMAIS!

CAPTAIN BICEPS!

RHA!

TAP!

CAPTAIN BICEEPS!

PAF!

EUH...

ZIP!

PSSS

IL EST SOUVENT INVITÉ POUR LES BARBECUES!

TORCHMAN DOIT PORTER DES SLIPS EN AMIANTE!

ÇA GRATTE!

SA COPINE A UNE DRÔLE DE TRONCHE...

IL M'A EMBRASSÉE!

TORCHMAN A UN TERRIBLE SECRET : IL NE DOIT PAS PÉTER!

OUPS!

CAPTAIN BICEPS
COMICS TEBO&ZEP COMICS

VS BATTMAN

BATT PRISE DE KARATÉ!

IOUF!

BICEPS COUDE!

PAF!

BATT SHURIKENS!

TAK! TAK! TAK!

AïE! AïE!

Hi!

BATT BOTTE!

FRAP!

BATT POING AMÉRICAIN!

BICEPS CANIF!

CAPTAIN BICEPS!

CRII

Le saviez-vous?

BATTMAN, IL EST COMME LA CHAUVE-SOURIS...

WÉÉ?

IL PEUT VOIR DANS LE NOIR...

GRÂCE À MES BATT LUNETTES INFRA-ROUGE!

IL PEUT VOLER DANS LES AIRS...

GRÂCE À MON BATT AVION!

ET IL PEUT CRIER DES ULTRASONS QUAND SON BATTSLIP EST TROP SERRÉ!

AAAïE!

#4 SES POINGS D'ACIER FONT AUSSI LA VAISSELLE!

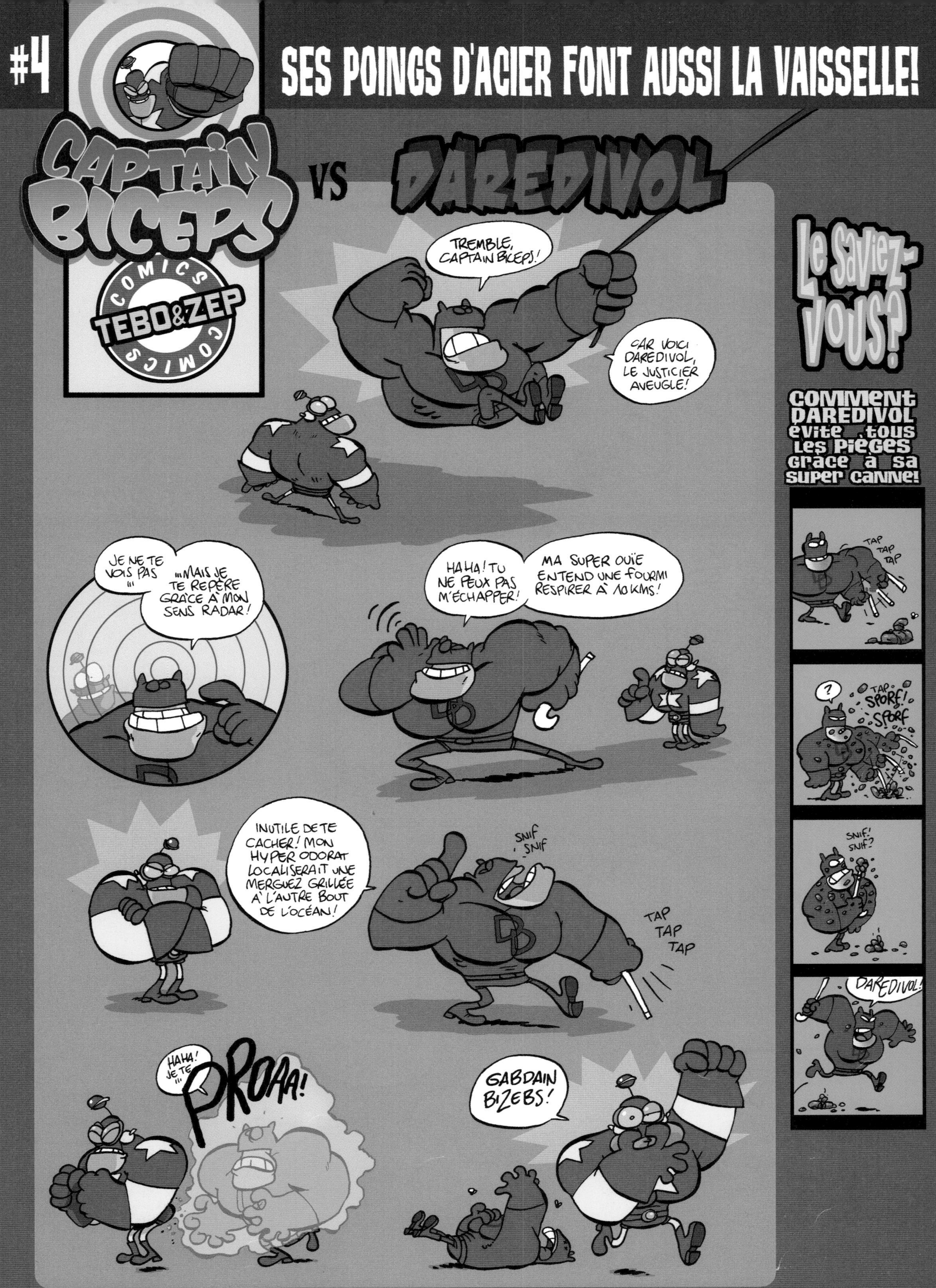

ARAIGNÉE-MAN

CAPTAIN BICEPS VS WOLVORINE

COMICS TÉBO&ZEP COMICS

Le saviez-vous?

WOLVORINE FAIT PARTIE DES Y-MEN, SES COMPAGNONS SONT : DIABELO QUI PEUT SE TÉLÉPORTER EN LAISSANT UNE ODEUR DE SOUFFRE!

Speech bubbles: PROUT! PROUT! — TU POURRAIS ÉVITER DE TE TÉLÉPORTER QUAND ON EST À TABLE

UNI-OEIL QUI LANCE DES RAYONS LASER!

Speech bubbles: HÉ! J'TE PRÊTE PLUS MES BD! — OUPS! — CRITCH

ÉTRANGE GIRL QUI PEUT DÉPLACER LES OBJETS!

Speech bubble: HÉ!

BREF, UNE JOYEUSE BANDE DE COPAINS!

Speech bubble: J'EN AI MARRE! J'VAIS FAIRE UNE CARRIÈRE SOLO!

Speech bubbles: TU VEUX MA PHOTO, MONGOLO? — GRU! — SNIKT — SNIKT! — HUM! — ÎÎIK!

Speech bubbles: HÉ! T'AS UNE CROTTE DE NEZ!

Speech bubbles: CRUNK! — CAPTAIN BICEPS! — RHAA!

LES SUPER-HÉROS INCONNUS

PRÉSENTE:

SLIPMAN

CAPTAIN ÉVIER

SUPER VACHE

ACNÉ-MAN

POUVOIR EN ACTION!

SUPER MALGAULÉ

SUPER HALEINE DE CACA

CHAAA!

NOUNOURS MAN

SALADE MAN

NOM D'UNE VINAIGRETTE!

OEIL-MAN

POUVOIR EN ACTION!

POC!

SUPER NÉNÉS

L'HOMME PAPIER-PEINT

SUPER PUDUKU

LES SUPER-HÉROS SONT-ILS TOUS ÉGAUX?

LES SUPER-ARMES

TEBO&ZEP

#12
LE CERVEAU DE LA JUSTICE DANS UNE CARAPACE DE BICEPS!
CAPTAIN BICEPS
COMICS
TEBO&ZEP
COMICS
VS
INVISIBLE GEORGES
HÉ! TÊTE DE FION!
?
♪
QUI A OSÉ?
T'ES OÙ? VIENS TE BOURRINER!
JE SUIS LÀ!
BAF!
HAHA!
OUCH!
BOK!
GONZESSE!
ZBUK!
AAAAH...
TCHBOUM!
ME VOICI COUVERT DE MORVE...
...ME VOILÀ BIEN PUNI, NON?
EUH...
NON.
CAPTAIN BICEPS!
HAHA!
PLAF!
PLAF!
PLAF!
Le saviez-vous?
Les petits soucis d'Invisible Georges
Il se fait toujours marcher sur les pieds aux boums de super-héros!
RHA!
OUPS! JE VOUS AVAIS PAS VU!
Pour qu'on le regarde, il est obligé de porter un masque!
LORNA, JE VOUS AIME!
EUH...
Le t-shirt à son effigie ne marche pas très bien...
HÉ! LES MECS, Z'AVEZ VU MON T-SHIRT D'INVISIBLE GEORGES?
C'TE HONTE.
NUL!

ILS GAGNENT À ÊTRE CONNUS!
LES SUPER-HÉROS PAS ÉTERNELS

#13 CAPTAIN BICEPS EST UNE JOLIE FLEUR REMPLIE

CAPTAIN BICEPS vs GLU MAN

COMICS TEBO & ZEP COMICS

#15 LE DANGER LE FAIT RIRE COMME LES BLAGUES DE TOTO!

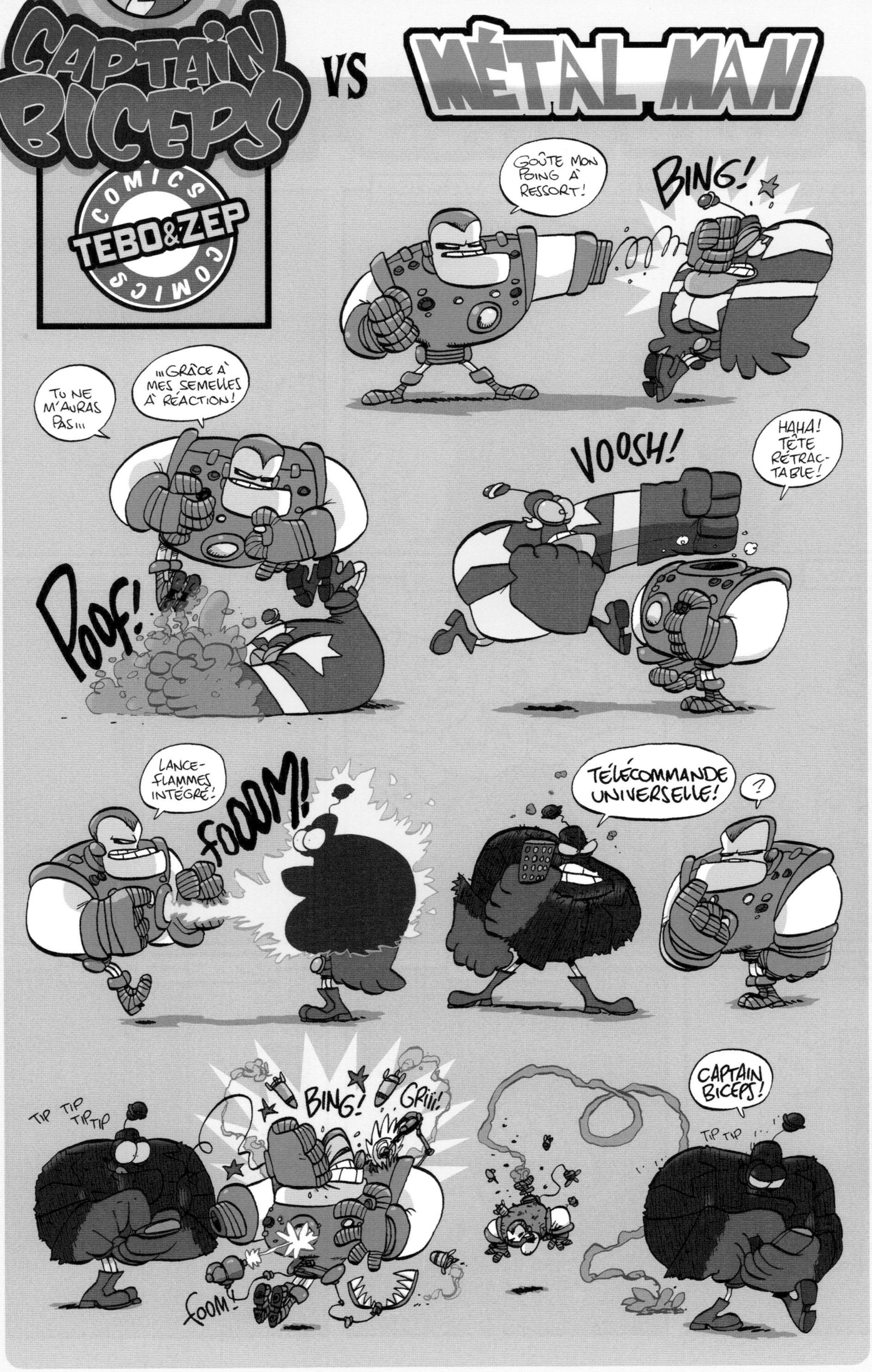

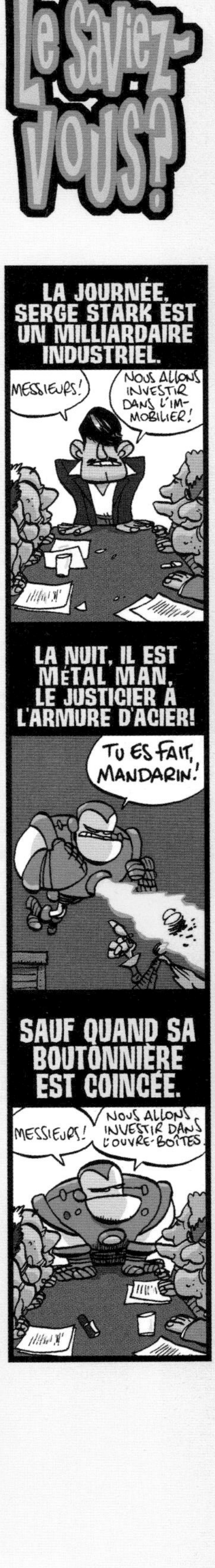

LEUR VIE N'EST PAS FACILE TOUS LES JOURS!

LES SUPER-POUVOIRS NULS

TEBO&ZEP · COMICS COMICS

LIRE DANS LES PENSÉES

QUEL COSTUME DE NAZE!

POUVOIR SOULEVER UN ÉLÉPHANT

JAMAIS SECOUER BABI!

VOLER SUPER VITE

LÉVITER

AVOIR UNE SUPER-OUÏE

ORNIOL! FERME LA PORTE! SALUT PAUL, ÇA VA? COMME LE TEMPS PROUT! ALORS! JE LUI AI DIT QU'IL AILLE SE FAIRE VOIR À... C'EST PAS POSSI-BLE QUE TU METTES... BOUGE TON FION! HÉ! DÉDÉ! RHÔO! NON! AÏE! J'AI MAL! HAHA! ÉCOUTE, N'EN... FAIS UNE BONNE... TU VIENS À LA MAISON JEUDI APRÈS-MIDI! JACQUES, MANGE UN CHEWING-GUM, TU PUES D... OH! L'AUTRE...

ÊTRE LE MAÎTRE DES VENTS

SNIF!

ÊTRE ÉLASTIQUE

AÏE!

ÊTRE LUMINEUX

BZZ BZZ BZZ BZZ BZ BZ BZ BZ

VOIR À TRAVERS LES MURS

#16
AUX MECS BALÈZES, CAPTAIN BICEPS LEUR
CAPTAIN BICEPS
COMICS
TEBO&ZEP
VS
MEEOW!
REVIENS, SI TU VEUX DES BISOUS PLEIN TA BOUCHE!
LAISSE-TOI FAIRE, MA COCOTTE!
MMH!
FRITCH!
AÏEAÏE!
GNAP!
RHA!
POUR QUI LES BONNES CROQUETTES?
MAOOW!
OUI! CH'EST DU BON MANGER, CHA!

#18 'FAUT PAS LE BOUSCULER, SINON ON MEURT!

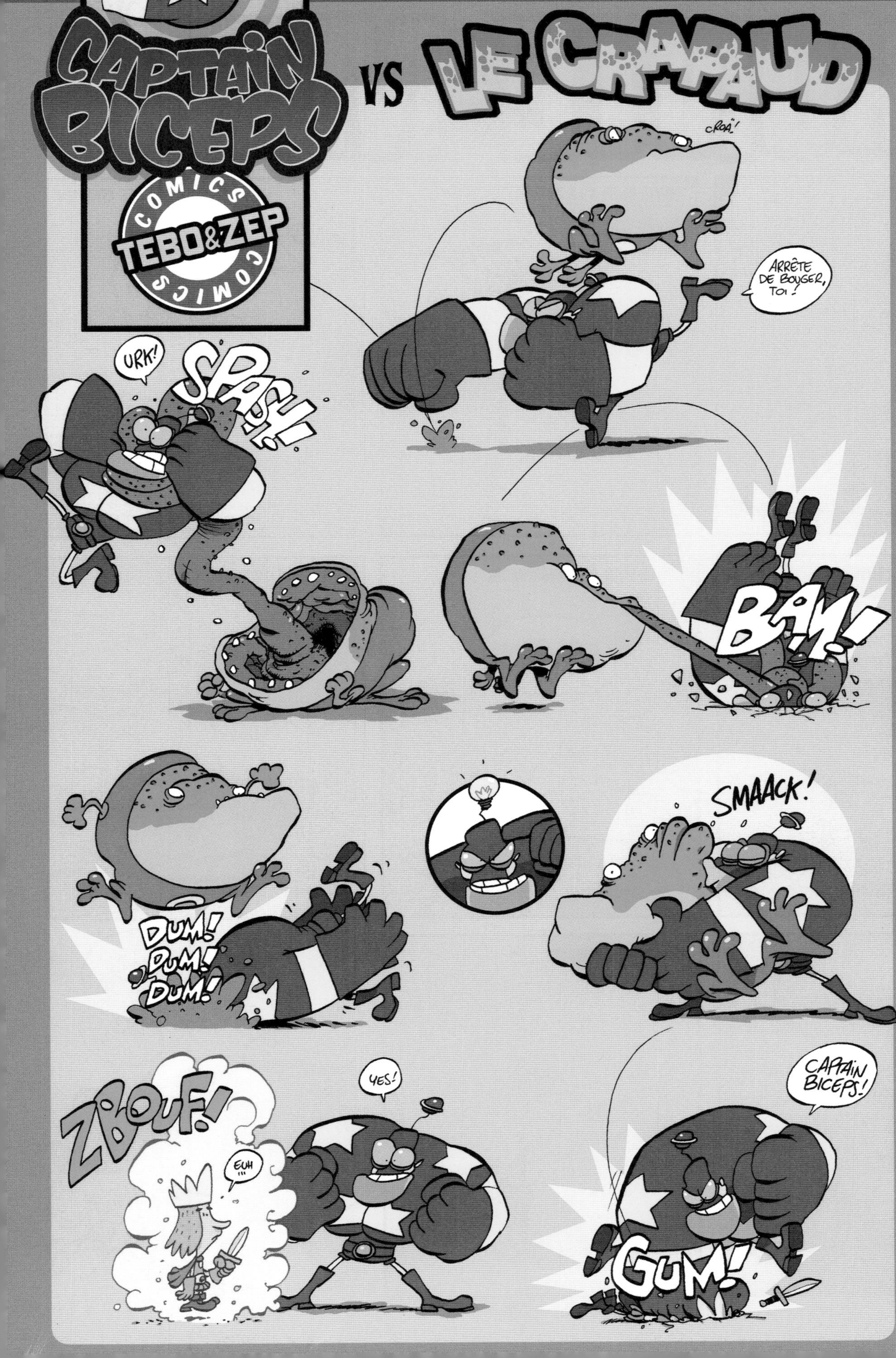

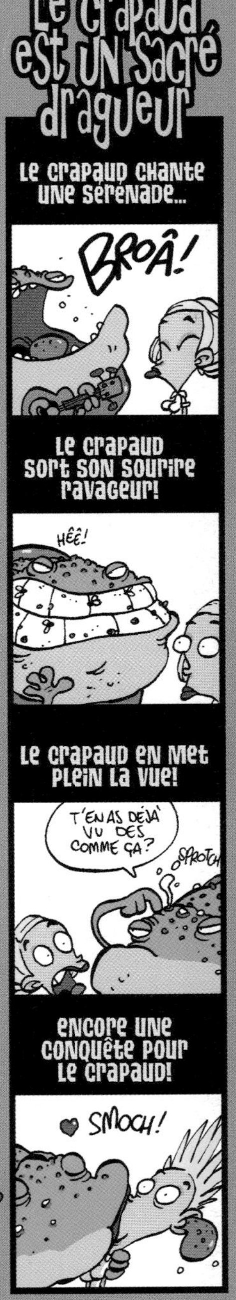

HONTE-MAN DANS LA RUE.

HONTE-MAN A LA BRAGUETTE OUVERTE.

HONTE-MAN FAIT SES COURSES.

HONTE-MAN ET SA FEMME.

HONTE-MAN À LA PHARMACIE.

HONTE-MAN SORT SON CHIEN.

LA HONTE-MOBILE.

LES HONTE-SANDALES.

VS **LE VAUTOUR VERT**

COMICS TEBO&ZEP COMICS

JE TE TIENS!

PLAF!

HÉ! C'EST PAS DU JEU!

FLAP FLAP FLAP

PRRT!

FLOTCH

HIHI!

ENVOLEZ-VOUS, PETITS! PCHIT PCHIT!

NON! CRUEL!

BAF! OUCH!

CAPTAIN BICEPS!

CAPTAIN BICEPS vs **MAGNETIK**

COMICS TEBO&ZEP COMICS

TON CASQUE, IL SERT À CACHER TA FACE DE MOULE?

EN M'INSULTANT !!!

!!!TU AS PROVOQUÉ LE COURROUX DU MAÎTRE DU MAGNÉTISME!

À MOI LA TOUTE-PUISSANCE!

HÉÉ!

MES SOUS!

JE SUIS MAGNETIK... J'ATTIRE LES MÉTAUX!

TING!

TU NE PEUX ÉCHAPPER À MON MAGNÉTISME!

YAKAA!

WHAA!

CAPTAIN BICEPS!

RUAA!

Les problèmes de MAGNETIK

Magnetik chez le serrurier.

Magnetik au parking.

Magnetik et Métal Man

ÇA VA SAIGNER!

Magnetik rend visite à son pépé.

MON PACE-MAKER! ARGL!

#21
IL RISQUE SA VIE POUR SAUVER L'HUMANITÉ!
CAPTAIN BICEPS
COMICS
TEBO&ZEP
COMICS
VS LE PUTOIS
TU NE PEUX RIEN CONTRE MOI, CAPTAIN BICEPS!
AH OUAIS?
NUMÉROTE TES VERTÈBRES, POUR QU'ON PUISSE TE RECOLLER!
TU NE CONNAIS PAS ENCORE LE PUTOIS!
GU-
PFF
HAHA!
KORFKOF!
C'EST IMMONDE... T'AS MANGÉ DU CAMEMBERT MORT AVEC DES OEUFS POURRIS?...
OUAGL!
TU N'ES PAS DE TAILLE CONTRE MES SUPER-GLANDES!
PCHHH
HAHA! TU FUIS DEVANT LE PUTOIS!
PÊT
PÊT
BBUEURRRRRR...
CAPTAIN BICEPS!
PÊT
HÉ! M'SIEUR... VOUS ME DEVEZ 84 "MUGUET-WC"!
ENVOIE TA FACTURE À L'HUMANITÉ!
CHEZ LE PUTOIS
SES PLANTES VERTES
SON CANARI
SON PAPIER PEINT
SA FEMME
... ET ENCORE UN SLIP RECOUSU! UN!

HYPERMAN

PRÉSENTE:

TEBO&ZEP COMICS

AVEC UNE PAIRE DE CISEAUX, IL FAIT DES MIRACLES!

jean-paul glutier

COMICS TEBO&ZEP COMICS

le relooker des super-héros

HYPERMAN ET SA CAPE JETABLE!

LA TENUE D'ÉTÉ D'ARAIGNÉE-MAN!

EN MÊME TEMPS !!!

!!JE SUIS PAS SÛR!

LE CALEÇON CUIR DE HEULK

ARG! PAS ASSEZ ÉLASTIQUE.

LA COMBINAISON DE MINOU WOMAN

MEOOWGRR!

LE BIKINI DE VEGETAL MAN

C'EST NUL!

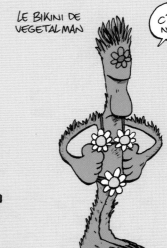

LA CUIRASSE DE FISHMAN

FISHMAN À L'HUILE D'OLIVE

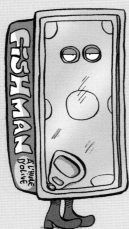

LA CAPE ZIP DE BATTMAN

NG.

JEAN-PAUL GLUTIER RELOOKÉ PAR CAPTAIN BICEPS

CAPTAIN BICEPS!

#22
IL DÉFEND LES FAIBLES ET LES FILLES, SURTOUT SI
CAPTAIN BICEPS
COMICS TEBO&ZEP COMICS
VS
Michae
HiHii!
Hi QUOI?
WOUH!
DING! DING!
'FAUT PAS TE GÊNER!
MOONWALK!
FWIT! FWIT! FWIT! FWIT!
POC PIC POC PIC POC
C'EST FINI?
¡OU!
DING! DING!
BON!
WE LOVE YOU!
MIKIE!
SCRATCH!
SCRITCH!
SCRITCH!

#23
SON SOURIRE MUSCLÉ FRACASSE LE COEUR DES BELLES!
CAPTAIN BICEPS
VS
MÉDUSE
COMICS TEBO&ZEP COMICS
TU NE PEUX RIEN CONTRE MÉDUSE!
GUAH!
MES CHEVEUX VIVANTS AURONT RAISON DE TOI!
BICEPS TONDEUSE!
GRiiiiii!
HAHA! ON FAIT MOINS LA MALIGNE!
MES POILS DE DESSOUS DE BRAS AURONT RAISON DE TOI!
OUCH!
BICEPS RASOIR!
ZIiiii!
ATTENDS... TU VEUX QUE JE TE FASSE LE MAILLOT?
BZZZ!
LES COIFFURES DE MÉDUSE
À 20 ANS
À 16 ANS
PIF PIF PIF
À 10 ANS
ZBENG!
BEF!
À 1 AN
ESSAIE SEULEMENT DE NOUS METTRE CE SHAMPOING À LA MENTHE...
...ET TU VAS VOIR TA TRONCHE!

#24 QUAND IL A TORT, SES POINGS ONT TOUJOURS RAISON.

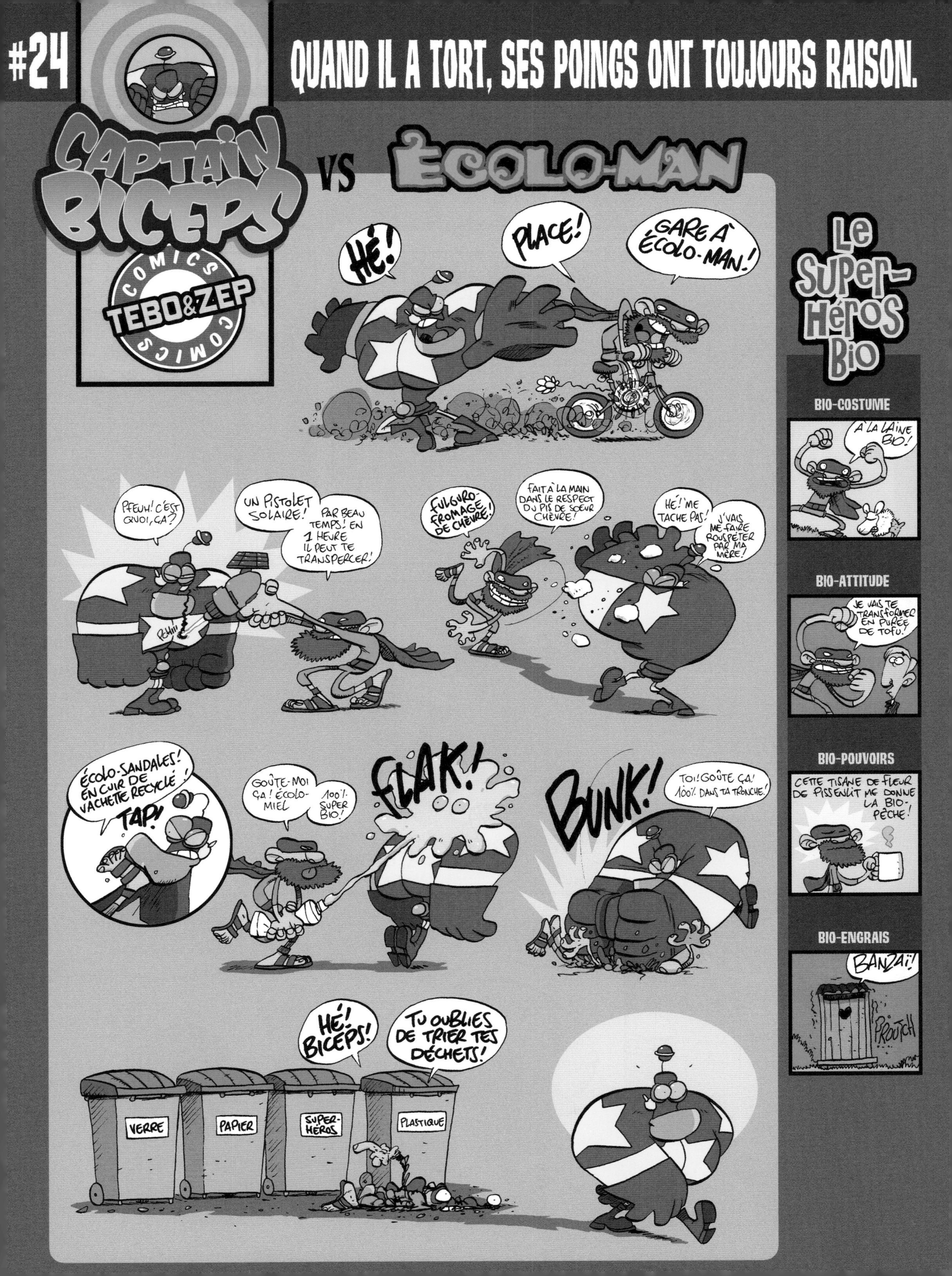

MÊME LES SUPER-HÉROS ONT BESOIN DE SPONSORS!

LA PUB ENVAHIT TOUT

PRÉSENTE:

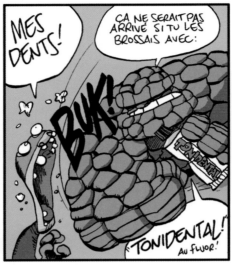

#27
LA TRONCHE DES MÉCHANTS, IL EN FAIT DU PÂTÉ!
CAPTAIN BICEPS
COMICS TEBO&ZEP COMICS
VS RED GUITAR
TU VAS TREMBLER DEVANT RED GUITAR ET SES DÉCIBELS!
J'AI LES RIFFS QUI FONT CROULER LES MURS!..
LES ARPÈGES QUI TUENT!
MA MUSIQUE EST UN LÂCHER DE BOMBES ATOMIQUES!
MES SOLOS SONT DES RAFALES DE BAZOOKA!
SPLINT PLINT SPLINT
HU?
BROK!
HAHA! COUARD! TU PRÉFÈRES FUIR DEVANT RED TRIANGLE!
PFF!
TING TING TING
Le Saviez-vous?
RED GUITAR JOUE AU CLAIR DE LA LUNE!
RED GUITAR JOUE LE PETIT FACTEUR.
RED GUITAR JOUE JEUX INTERDITS.
RED GUITAR EST NUL COMME BABY-SITTER.
Y EN A MARRE!
TU DORS, OUI OU NON?

#28
LE DANGER, IL EN PREND TOUS LES MATINS AU PETIT DÉJ'!
CAPTAIN BICEPS
COMICS
TEBO&ZEP
COMICS
VS
LE MORT-VIVANT
REJOINS-MOI EN ENFER!
EUH!!! NON MERCI!
BRASH!!
RETOURNE JOUER AVEC BELZÉBUTH!
TU N'AS PAS COMPRIS!!! JE SUIS DÉJÀ MORT!
JE SUIS DABAAS, LE MORT-VIVANT!
AH!!! C'EST POUR ÇA L'ODEUR!
50% DE FANTÔME! 50% DE POURRI!
VA POURRIR AILLEURS!
POK!
TUK!
JE SUIS INVINCIBLE!
ZBAF!
LE PETIT PÊCHEUR
BON APPÉTIT LES PETITS!
QU'EST-CE QUE!!!
NON! DES ASTICOTS!
CAPTAIN BICEPS!
EN AVANT!
BORP!
Sachez les reconnaître
LE VIVANT
TCHO!
LE MORT-VIVANT
LE MORT-VIVANT MORT
ARGL!
LE MORT-MORT

CAPTAIN BICEPS COMICS TÉBO&ZEP **VS DOKTOR OTTO**

doktor otto a inventé son premier robot à six ans.

CAPTAIN BICEPS! VOUS ÊTES FINI!

VOICI SUPER-COMPUTER, LA DERNIÈRE GÉNÉRATION DE SUPER-MÉCHANT!

KILL

JE VAIS DOMINER LE MONDE!

G211 G211

GRIiiii!CRK! BRRAK! CRK!Vuuu...

?

ERROR

C'EST RIEN... JUSTE UN PETIT RÉGLAGE DE RIEN DU TOUT!

TIP TIP

HAHA!

JE VAIS METTRE LA PLANÈTE À FEU ET À SANG!

G21 G21 G21

ET IL VA VOUS PULVÉRISER!

YEAH!

YAKA!

BOM!!

OVER

AAH!

DÉGAGE, GROS NAZE, JE VAIS... JE VAIS...

GR!

G211uuu...

JE VAIS ACHETER DES PILES LONGUE DURÉE!

NON! MAIS ÇA VA PAS! VOUS L'AVEZ PLANTÉ...

VOUS AVEZ IDÉE DU PRIX D'UN ROBOT COMME CELUI-CI?

REVENEZ, LÂCHE!

LE TEMPS DE RÉ-INSTALLER LES PROGRAMMES, ET IL VA VOUS PULV...

KAPUT

CAPTAIN BICEPS!

CAPTAIN BICEPS SAUVE LE MONDE!

CONTRE LA POLLUTION

TUMP!

CONTRE LES INONDATIONS

KAI!

TAP!

CONTRE LES TREMBLEMENTS DE TERRE

GN.

PAK!

CONTRE LA FAMINE

BUNK!

CONTRE L'INSÉCURITÉ

ON FAIT MOINS LA MALIGNE!

TUNK!

NON À L'IN-SÉCURITÉ!

CONTRE !!!

QUI OSE ? !!! OH! MONSIEUR LE PRÉSIDENT!

TAP TAP

ÉCOUTEZ, MON BON BICEPS !!! VOUS ÊTES !!! COMMENT DIRE !!! UN FORMIDABLE JUSTICIER!

CERTES !!! MAIS QUE DIRIEZ-VOUS DE EUH !!! PETITES VACANCES !!! MH?

MES POINGS C'EST DU BÉTON!

DES VACANCES ? !!!

PFOU!

CAPTAIN BICEEEPS !